미래에서 만나요!
채사장

2022. 1.

채사장의 지대넓얕

02 자본이라는 신

글 채사장

책읽기를 좋아하는 평범한 사람이었던 채사장 작가님은 사람들과 지식을 나누는 대화를 하는 게 가장 재미있었어요. 이런 재미와 기쁨을 전하기 위해 팟캐스트 방송을 시작하면서 널리 알려졌죠. 2014년에 쓴 책《지적 대화를 위한 넓고 얕은 지식》이 밀리언셀러에 오르며 인문학 도서 신기록을 달성했어요. 이후에도 다양한 책을 써서 독자들과 소통하고 있고, 강연을 통해 많은 사람들과 지식의 즐거움을 나누고 있습니다.

글 마케마케

오랫동안 그림책 작가와 어린이 책 편집자로 일하며 재미있는 이야기의 힘을 믿어 왔어요. 채사장님의《지적 대화를 위한 넓고 얕은 지식》을 독자로 접하고 인문학이 삶을 바꿀 수 있다는 것을 실감하고는 어린이들에게 쉽게 전달하기 위해 알파의 이야기를 만들었어요. 매일 알파, 마스터와 함께 즐거운 지식 여행을 떠나고 있답니다.

그림 정용환

홍익대학교 산업디자인학과를 졸업하고 다양한 책과 매체에 일러스트 작업을 하였어요. 〈복제인간 윤봉구〉시리즈,《로봇 일레븐》,《유튜브 스타 금은동》등 다양한 어린이 책의 그림을 그렸으며《슈퍼독 개꾸쟁》을 쓰고 그려서 제1회 '이 동화가 재미있다' 대상을 받기도 했지요. 평소 팟캐스트〈지대넓얕〉의 팬으로, 어린이들이 교양을 익히고 더 나은 삶을 꿈꿀 수 있도록 이 이야기에 아름다운 그림과 색채를 입혀 주었답니다.

채사장의 지대넓얕 2
(지적 대화를 위한 넓고 얕은 지식)

초판 1쇄 발행 2022년 1월 20일
초판 26쇄 발행 2025년 5월 30일

지은이 채사장, 마케마케
그린이 정용환
펴낸이 권미경
마케팅 심지훈, 강소연, 김재이
디자인 양X호랭 DESIGN

펴낸곳 ㈜돌핀북
등록 2021년 8월 30일 제2021-000179호
주소 서울시 서초구 강남대로95길 9-10, 웨일빌딩 201호
전화 02-322-7187 **팩스** 02-337-8187
메일 sky@dolphinbook.co.kr

ⓒ채사장, 마케마케, 정용환, 2021
ISBN 979-11-975784-2-7 74900
　　　979-11-975784-0-3 (세트)

이 책을 무단 복사·전재하는 것은 저작권법에 위반됩니다.
잘못 만들어진 책은 구입하신 서점에서 교환해드립니다.

채사장의
지대넓얕

지적 대화를 위한 넓고 얕은 지식

글 채사장, 마케마케
그림 정용환

세계를 보는 눈을 뜨는 것

안녕하세요? 채사장입니다.

저는 대중들에게 인문학 강의를 하며, 책을 쓰고 있어요.

제가 난생 처음 쓴 책이 《지적 대화를 위한 넓고 얕은 지식》입니다. 바로 지금 여러분이 읽고 있는 이 책의 성인판, 여러분의 부모님도 선생님도 읽었을 책이지요. 첫 책인데도 아주 많은 사람들에게 큰 사랑을 받았습니다.

그런데 이 책은 사실, 어른이 되기 전에 읽어야 하는 내용이에요. 조금이라도 더 어릴 때 알면 좋은 내용! 그래서 어른이 아니어도 잘 읽을 수 있도록 이렇게 쉽고 재미있는 책으로 만들었습니다.

왜 저는 《지적 대화를 위한 넓고 얕은 지식》과 같은 인문학 책을 썼을까요? 대답을 위해 저의 어린 시절로 거슬러 올라가 보겠습니다. 저는 책을 읽지 않는 어린이였어요. 학교에서는 맨 뒤에 앉아 엎드려 잠만 자는 아이였지요. 세상과 사람에 대해서 통 관심이 없었어요. 그렇게 어영부영 고등학생이 된 어느 날, 너무 심심한 나머지 처음으로 책 한 권을 읽었습니다. 그 책은 소설 《죄와 벌》이었는데, 책을 읽고 저는 충격을 받았어요. 제 주변의 세계가 확 다르게 보였죠. 그때부터 저는 닥치는 대로 책을 읽기 시작했어요. 세계가 너무도 신기했고, 인간이 참으로 신비했죠.

하지만 성인이 될수록 세계를 더 잘 이해하기는커녕 도무지 이해할 수 없었어요. 왜 어떤 사람은 부자이고 어떤 사람은 가난할까? 왜 어떤 인간들은 약한 자들 위에 올라서고, 전쟁을 일으키는 걸까? 궁금했어요.

역사를 잘 살펴보니 그 답이 있었습니다. 오늘날 왜 경제에 의해서 세계가 좌지우지되는지 원인과 흐름을 이해할 수 있었죠. 인문학은 이렇게 세계를 보는 눈을 뜨게 해 줍니다.

지금 우리가 사는 세계는 굉장히 복잡하고 빠르게 변화하고 있습니다. 그래서 세계를 보는 눈을 떠야만 앞으로의 삶을 잘 살아갈 수 있어요. 인문학에는 역사를 포함해 우리가 살아가는 세계를 이해하게 해 주는 지혜가 들어 있습니다. 어른이 되어갈수록 인문학의 필요성이 절실해져요. 만약 어린이 여러분이 지금부터 인문학에 다가가고 생각해 볼 시간을 갖는다면, 일찍부터 삶의 무기를 갖는 거나 마찬가지입니다.

《채사장의 지대넓얕》 시리즈는 역사부터 경제, 정치, 사회, 윤리 등 한 분야에 국한되지 않고 넓은 지식을 알려 줄 거예요. 책을 다 읽고 주변 사람들과 지적 대화를 나눠 보세요. 그러면 남들과 다른 지혜로운 어린이가 되어 있을 겁니다. 지금의 시대엔 지혜로운 사람이 주인공입니다.

자, 그럼 저와 함께 인문학의 새로운 세계로 여행을 떠나 볼까요? 이번 책에서는 제가 '채'로 등장하는데, 과연 어떤 사람일지 상상해 보세요!

2022년 초겨울에, 채사장

차례

프롤로그 신이었던 사나이 · 11

① 근대 자본주의의 전개 1
자본가의 빛과 어둠 ·········· 21

- 채사장의 핵심 노트 공급과잉이 시작되었다 ········· 40
- 마스터의 보고서 산업혁명 이후 새로운 계급 ········· 41
- Break time 발명품을 찾아라! ········· 42

② 근대 자본주의의 전개 2
원주민에게 뭘 팔겠다고? ·········· 43

- 채사장의 핵심 노트 공급과잉을 해결하라 ········· 66
- 마스터의 보고서 대항해 시대, 제국주의의 시작 ········· 67
- Break time 신항로 개척! ········· 68

③ 제국주의 시대
강한 자가 지배한다 ·········· 69

- 채사장의 핵심 노트 그들에게는 식민지가 필요했다 ········· 94
- 마스터의 보고서 영국의 제국주의와 저항운동 ········· 95
- Break time 식민지 미로 찾기 ········· 96

4 제1차 세계대전
전쟁은 왜 일어났을까? ········ 97

- 채사장의 핵심 노트 공급과잉이 전쟁을 일으켰다 ········ 122
- 마스터의 보고서 제1차 세계대전 ········ 123
- Break time 숨은 그림 찾기 ········ 124

5 세계 경제대공황
지구 멸망의 위기 ········ 125

- 채사장의 핵심 노트 가격 경쟁은 대공황으로 이어졌다 ········ 150
- 마스터의 보고서 미국 경제의 몰락 ········ 151
- Break time 가로 세로 낱말풀이 ········ 152

에필로그 다시 만난 미래 · 153

최종정리 ········ 158

등장인물

알파

지구의 창조부터 존재했던 쪼렙신. 죽을 수 없는 불멸의 존재인 만큼 오랜 역사를 통해 참 많은 일을 겪었다. 원시 시대에는 자유롭고 평등하게 살다가 고대 시대에는 험난한 노예 살이를 경험하기도 했다. 중세 천년 동안 왕과 귀족의 지배를 받으며 가죽신을 만들어 오던 그는 결국 혁명을 통해 지배층을 처단하기에 이른다. 인류는 처음으로 평등을 만났지만 알파는 상위 신으로부터 신을 거부한 벌을 받는다. 미미하게나마 가지고 있던 신의 능력을 빼앗긴 채로 인간과 똑같이 길고 지루한 생을 살게 된 알파! 그러나 알파는 이왕 이렇게 된 것, 제대로 인간의 꼭대기에서 보기로 결심하는데…….

마스터

알파의 비밀을 알고 있는 유일한 친구이자 죽지 않는 신적인 존재다. 조금 허술하지만 순수하고 열정적이던 알파가 자본을 섬기며 점차 변해 가는 모습을 안타깝게 지켜본다. 마스터는 끊임없이 알파를 걱정하며 조언을 아끼지 않지만 그의 오랜 친구는 말을 잘 듣지 않는다.

채

정체를 알 수 없는 엉뚱한 사내. 알파가 묵던 인도 뭄바이의 호텔에서 처음 만났다. 자기 발에 걸려 넘어질 정도로 어리숙해 보이지만 무심하게 툭툭 던지는 말 속에는 뼈가 담겨 있다. 역사의 중요한 핵심을 알고 있는 그에게 알파는 묻고 싶은 것들이 많아지는데……. 우연히 마주쳤다가 금세 떠나 버리는 그의 진짜 정체는 무엇일까?

알파의 공장 직원들

창고에 점차 재고가 쌓이자 이 문제를 해결하기 위해 고군분투한다.

원주민 족장과 부족민들

파도에 떠밀려 온 외부인들을 따뜻하게 환대해 주었지만 이상한 거래에 휘말리고 만다.

이 책을 읽는 방법

이 책은 어른들을 위해 처음 만든 《지적 대화를 위한 넓고 얕은 지식》을 어린이들도 볼 수 있게 만든 책이에요. 많은 지식들을 하나의 흐름으로 정리해 주는 책이지요. 여러분만의 특별한 독서법을 통해 이야기 속에 숨어 있는 지식과 그 지식을 꿰뚫는 통찰을 발견하면 좋겠어요.

Step 1 이야기에 집중하기

처음 읽을 땐 일단 순서대로 이야기를 따라가는 데 집중해 보세요. 이야기 속 주인공은 아주 특별한 인물이지만 그 시대를 살았던 평범한 많은 사람들의 삶을 보여 주는 인물이기도 해요. 주인공의 생각과 심리를 잘 살펴보고 "왜 그랬을까?", "이럴 때 어떤 마음이 들었을까?" 질문을 던져도 좋아요. 어려운 단어나 모르는 내용이 나오면 멈춰서 찾아봐도 되지만 일단은 계속 독서를 진행해도 괜찮답니다.

Step 2 핵심 단어와 흐름 찾기

총 5화에서 펼쳐지는 이야기들은 하나의 핵심 단어를 보여 주기 위한 것이에요. 그 핵심 단어는 무엇일지 생각해 보세요. 또 이 책은 식민지 경쟁, 제1차 세계대전, 세계 경제대공황 같은 근현대의 다양한 사건들을 꼬챙이에 꿰어 내듯 연결해 하나의 핵심으로 정리했어요. 긴 역사를 꿰뚫는 이 하나의 흐름은 무엇일까요? 책을 다시 펼쳤을 땐 이 내용을 기억하며 읽어 보도록 해요.

Step 3 지적 대화 나누기

"이 인물은 왜 이와 같은 행동을 반복할까?"
"역사적 사건이 발생한 진짜 원인은 무엇일까?"
"나라면 비슷한 상황에서 어떤 선택을 했을까?"
"이 이야기와 비슷한 역사 사건들이 있을까?"

책을 읽다 보면 여러 가지 의문점이 생길 거예요. 그리고 여러 번 꼼꼼하게 읽거나 다른 자료를 찾아보면 어느 정도 의문점이 해소될 수도 있을 거고요. 이렇게 내가 궁금했던 것, 발견한 내용에 대해 친구들이나 부모님과 이야기해 보세요. 토론을 통해 책을 읽은 것보다 더 큰 기쁨과 지혜를 만날 수 있을 거예요. 책의 마지막 장을 덮은 후에도 우리의 이야기는 계속 이어질 테니까요.

신이었던 사나이

아주 아주 먼 옛날에

신이었던 사나이가 있었지.

아~함

철컹

그는 신의 존재를 거부한 대가로 영원한 형벌을 받게 되었어.

"조금도 상쾌하지 않군."

쉬지 않고 뿜어대던 공장의 연기 때문일까. 도시의 하늘은 며칠째 우중충했지. 잿빛 구름 사이로 새빨갛게 동이 터 오고 있었어. 물론 순식간에 연기 속으로 자취를 감추었지만.

인류는 과거의 지구가 품고 있던 자원을 모조리 긁어 쓸 생각인가 봐. 기계라는 것이 발명된 이후에 세상은 말도 못하게 달라졌어. 알파도 같은 생각이었을까. 씁쓸하게 웃고 있더군.

"이봐 알파, 우울해하지 마. 저 많은 공장들이 다 네 거잖아."

나는 긴 꼬리로 알파의 어깨를 툭툭 두드렸어. 나의 오랜 벗을 위로하는 방법쯤은 이제 잘 알고 있거든.

"후후, 고마워 마스터, 그 생각을 하니 상쾌해졌어."

그때였어. 누군가 불쑥 튀어나와 알파를 부르지 뭐야?

"알파 아저씨?"

이 새벽에 아는 사람을 만나다니. 알파는 흠칫 놀라며 천천히 뒤돌아봤어. 상대는 더럽고 커다란 망토를 걸치고 있었어. 한 발 한 발 다가설 때마다 시큼한 가죽 냄새가 났지. 너무 익숙하고 그리운 냄새였어. 어떤 향기는 사람을 한 위치에서 전혀 다른 곳으로 이동시켜 줄 때가 있지. 그래, 그 가죽 향은 알파를 아주 오래전 과거의 어느 곳으로 보내 버렸어.

아주 머나 먼 과거에서 알고 지낸 사람.

몇 천 년이 흘렀어도 잊을 수 없는 얼굴이었어. 그 사람이 왜 여기 있는지, 무슨 일로 찾아왔는지, 알파는 물어볼 엄두도 나지 않았을 거야.

　아이가 알파의 말에 대답하지 않았던 것처럼 알파도 그 아이의 말에 대답할 수 없었어. 노예가 과연 없어졌을까? 알파가 고대 어느 왕국에서 노예로 살았을 땐 그 또한 평등한 세상을 바랐지. 그러나 오랜 시간이 흘렀고 입장도 많이 달라졌어. 알파의 밑에는 그의 명령을 기다리는 가난한 노동자들이 존재했거든. 그를 주인처럼 여기는…….

　그러나 아이는 대답 따원 기다릴 생각이 없었나 봐. 예전처럼 수다를 떨기 바빴으니까.

알파는 무언가 대답하려 했지만 목구멍에서 아무 소리도 나오지 않았어. 긍정이든 부정이든 대답을 해 보려 입을 열었지만 목이 타는 것처럼 뜨거워서 캑캑 소리만 날 뿐이었지.

"맞나요? 어서 대답해 주세요, 아저씨."

아이의 눈빛은 이제 믿음에서 의심으로, 또 원망으로 변해갔지. 그 눈을 바라보는 알파의 몸에서는 땀이 비 오듯 쏟아졌어.

"왜 대답이 없어요? 네?"

알파는 차라리 질끈 눈을 감아 버렸어. 화가 난 아이의 앙칼진 목소리가 머릿속에 왕왕 울려 퍼졌어.

"알파? 말해! 어서 대답해 봐, 알파!!"

1 근대 자본주의의 전개1

자본가의 빛과 어둠

"알파, 괜찮아? 정신 좀 차려!"

알파는 번쩍 눈을 떴다. 새벽빛이 어스름하게 침실을 비추고 있었다.

알파는 땀으로 흠뻑 젖은 몸을 간신히 일으켜 세웠다. 마스터는 걱정스러운지 발을 동동 굴렀다.

며칠째 같은 꿈이었다. 그 옛날 노예 아이는 매일같이 찾아와 알파를 괴롭혔다.

그리운 얼굴을 만나 반갑다가도 날카로운 질문을 받을 때면 숨이 막히곤 했다. 이젠 그만 좀 벗어나고 싶었다.

어느덧 혁명이 일어난 지 40여 년이 지났다. 그 사이 많은 일들이 있었고, 알파는 예전과는 비교도 안 될 만큼 부자가 되어 있었다. 창가로 간 알파가 두꺼운 커튼을 젖히자 새벽의 도시 풍경이 눈에 들어왔다.

　새벽은 알파에겐 더없이 익숙하고 친근했던 시간이었다. 원시 지구의 나무 위에서도, 고대 국가의 노예살이 중에도, 중세 시대에 구두를 만들다가도, 그는 줄곧 서서히 광명이 비치며 하늘이 밝아지는 장면을 오래도록 구경하곤 했다. 아침이 열리는 순간은 매일 보아도 경이로웠다. 그저 작은 행성 하나가 제자리에서 한 바퀴 도는 단순한 현상일 뿐인데도 말이다.

　그러나 이제 그는 그럴 시간도 여유도 없었다. 우주의 질서를 찬미하던 어수룩한 신은 사라지고 악착같이 돈을 버는 인간만이 남았으니까.

　"가자, 마스터. 나 공장에 일찍 나가 봐야 해."

　"으잉? 너 제대로 잠도 못 잤잖아."

더 잘 시간이 어디 있어? 할 일이 얼마나 많은데.

좋은 아침이었다. 활기찬 도시를 지나다 보니 언제 흉흉한 꿈을 꿨냐는 듯 알파의 마음도 다시 편안해졌다. 이제 세상은 바뀌었다. 신분 제도는 사라지고 돈으로 모든 것들을 움직일 수 있게 된 것이다. 알파는 속으로 생각했다.

'그래, 이게 바로 내가 꿈꾸던 세상이야.'

신발이 필요한 사람에게 신발을 만들어 주고,

나와 내 공장 직원들은 돈을 벌었어.

그 돈으로 직원들은 가족과 먹을 빵을 살 수 있었지.

물론 그 덕에 빵을 판 빵 가게 주인도 돈을 벌었어.

그의 가족 역시 풍족한 생활을 할 수 있게 되었지.

모두에게 공평하게 이득인 셈이야. 이보다 더 완벽한 세상은 없어.

왜 저래?

도시에는 어두운 모습도 공존했다. 소매치기 소년들은 골목에서 매를 맞았고, 걸인들은 행인들이 지나갈 때마다 앞다투어 손을 내밀었다.
　꿈 속에 나타난 노예 아이는 세상 모든 노예들이 사라지는 날을 궁금해했던가. 모두가 평등한 세상이 오느냐고 물었던가. 돌려주어야 할 대답은 허공으로 흩어지고 마차는 덜컹거리며 빠른 속도로 도시를 통과했다.

알파가 공장 안으로 들어가자 이미 출근한 노동자들이 인사를 했다. 재단실과 재봉실엔 여자들이 가득 차 있었다. 지방에서 농사를 짓던 대다수의 인구가 모두 도시로 향하던 시기였다.

다양한 분야에서 혁신적인 기술의 발전이 이루어졌다. 식량도 많아지고 인구도 늘어났다. 산업혁명 이후 유럽은 확실히 예전보다 살기 좋아진 것처럼 보였다. 하지만 노동자에겐 그렇게 호락호락한 시대가 아니었다.

수작업으로 옷이나 구두를 만들던 과거엔 재능과 경험이 있다면 그 분야 전문가가 될 수 있었다. 그러나 철저히 분업화가 된 지금, 노동자는 전체 과정 중 일부만 담당하는 부품에 지나지 않았다. 자본가들이 그들의 비위를 맞출 필요가 없어진 것이다.

업무 환경이 가장 열악한 것은 아동 노동자들이었다. 어린이들은 성인 남성의 10~20 퍼센트의 임금만 받으며 15시간이 넘게 일을 하기도 했다.

물론 알파는 노동자들의 자세한 상황까지는 알지 못했다. 그런 걸 신경 쓸 시간도 없었다. 여러 공장을 운영하려면 여간 바쁜 게 아니었으니까.

　서류를 검토하던 알파의 손은 달달 떨리고 있었다. 회사 운영에 대해 정리된 내용이었다. 고정 비용은 아끼려고 해도 아낄 수 없었다. 그래서 공장을 최대한 가동해서 매일매일 구두를 찍어 내고 있었는데 그 구두들이 팔리지 않았다는 것이다.

　그동안 찍어 낸 구두들이 시장에 나가지 않고 창고만 차지하고 있었다니, 피가 거꾸로 솟는 것 같았다. 물론 그 모습을 보는 마스터의 머리도 마찬가지로 멍해졌다.

　"알파, 너 정말……! 어휴."

"대체 관리를 어떻게 하는 거야?! 당장 재무담당자들을 불러와!"

잠시 후, 사장실 문이 열리고 재무담당자가 헐레벌떡 뛰어들어왔다. 알파는 자초지종을 물었다. 도대체 열심히 만든 신발을 팔지도 않고 무엇을 했는지, 이 손해를 어떻게 막을 수 있는지, 우리 제품에 특별한 문제라도 있는지 말이다.

　재무담당자의 말은 틀리지 않았다. 이는 경제를 조금만 공부하면 알 수 있는 자본주의의 문제점이었다. 재무담당자는 떨리는 손으로 수요와 공급 곡선을 그렸다.

　"사장님, 사장님도 수요와 공급이 무엇인지 정도는 아시죠?"

수요는 물건을 사고자 하는 이들의 욕구이고, 공급은 상품을 판매하고자 하는 의도를 뜻한다. 이 둘이 만나는 곳에서 시장이 형성된다는 것은 자본가들에겐 기본 상식이었다.

"옛날엔 신발이 다 헤어져도 새 신발을 살 수가 없었어요. 너무 귀해서 비쌌으니까요. 그러나 공장이 생긴 후로 상황이 반대가 되었어요. 이제 신발은 남아돌고, 살 사람은 적습니다. 요즘 시장은 포화상태예요. 우리 물류 창고도 마찬가지고요."

알파는 조용히 입을 다물고 그를 바라보았다. 재무담당자는 시뻘게진 얼굴로 보고를 마무리했다.

"그러니까 사장님……, 공장을 멈춰야 해요. 더 이상 구두를 팔기가 어렵거든요."

눈물겨운 보고를 다 들은 알파는 버럭 소리를 질렀다.

공급과잉이 시작되었다

○ 자본주의의 시작

산업혁명으로 공장이 탄생했고, 공장은 대량으로 물건을 만들어 냈어요. 그리고 이렇게 나온 많은 양의 생산물이 화폐 경제를 만나면서 자본주의가 탄생하게 되었습니다.

○ 자본주의의 특성

예전엔 물건을 사려면 제작자에게 미리 주문을 해야 했어요.

공장은 주문이 있기 전에 미리 물품을 대량으로 생산해요.

이렇게 물품을 구입하려는 사람들의 욕구보다 이미 생산된 물품이 더 많은 상태가 바로 자본주의의 특성이라고 볼 수 있답니다.

○ 공급과잉, 초과공급

자본주의의 특성은 '공급이 수요보다 많은 상태'예요. 다른 말로는 '공급과잉', '초과공급'이라고도 하지요. 마트나 백화점에 가면 수많은 물건들이 우리를 기다리고 있잖아요. 소비자가 물건이 부족하다고 느끼는 일은 별로 없어요. 심지어 수많은 제품들이 화려한 광고까지 하면서 소비자의 선택을 받기 위해 기다리고 있으니까요.

산업혁명 이후 새로운 계급

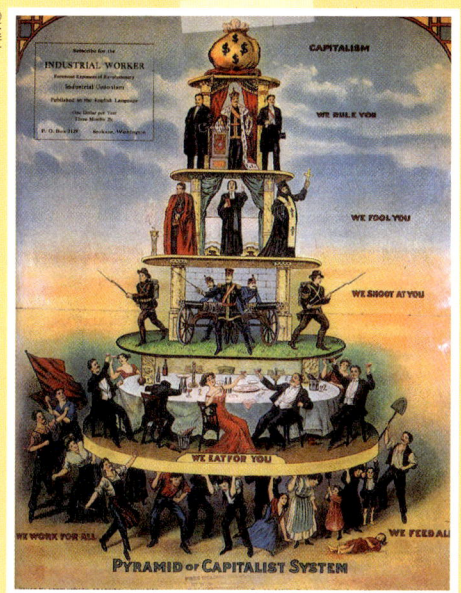

18세기, 영국에서 시작된 산업혁명은 유럽의 경제 구조와 생활상을 변화시켰다. 다양한 분야에서 기술 혁신이 일어났고 사람들의 생활 수준도 향상되었다. 산업이 성장하면서 경제적으로 큰 이익을 얻게 된 것이다. 겉으로는 전보다 살기 좋아진 것처럼 보였다. 그러나 문제는 특정 계급에만 부가 집중되었다는 사실이다.

자본주의 시대의 계급을 풍자한 그림
가장 바닥의 노동자 계층이 다른 상위 계급들을 떠받들며 먹여 살리고 있다.

'부르주아'라고 불리는 신흥 계급은 날로 부유해졌지만 공장 노동자들은 적은 급여를 받으며 열악한 환경에서 일해야 했다. 도시로 빈민이 집중되다 보니 값싼 임금으로도 쉽게 노동자를 구할 수 있었다. 당시 노동자들은 하루에 14~15시간 정도 단순하고 반복적인 작업을 수행했으며 여성과 어린이까지 공장에 투입되었다.

특히 어린이 노동자의 근무 환경은 처참할 지경이었다. 굶어 죽지 않을 정도의 밥을 겨우 얻어먹으면서, 좁은 기계나 광산 속에 들어가는 위험한 일을 수행해야 했던 것이다. 1840년대 들어서야 임금과 작업 환경을 개선하기 위한 노력이 이어졌다.

러다이트 운동
노동자들이 기계를 파괴하는 운동으로 공장제 산업에 대한 저항이었다.

Break Time
발명품을 찾아라!

산업혁명 이후 기술이 발달하면서 많은 물건들이 만들어졌어. 유럽 곳곳에 기차가 놓이고 각종 기계들과 공장들이 생겨났지. 멀리 있는 사람에게 메시지를 전하는 기술도 시작되었단다. 다음 물건들 중에 18세기 산업 혁명 시기에 처음 나온 것들을 찾아볼까? 발달된 기계 장치 같지만 고대나 중세 시대에 만들어진 물건도 있으니 잘 찾아보라고.

*전신 : 문자나 숫자를 전기 신호로 바꾸어 보내는 통신 | *방적기 : 실을 만들어 내는 기계

2 근대 자본주의의 전개 2

원주민에게 뭘 팔겠다고?

드넓은 바다 위에 거대한 범선이 최고 속도로 항해하고 있었다. 뱃머리에서 흐뭇하게 수평선을 바라보는 이는 다름 아닌 알파였다. 불어오는 바람에 짭짜름한 바다 내음이 가득했다. 알파의 마음은 벅차올랐다.

　"마스터, 저 끝없이 펼쳐진 바다 좀 봐! 바로 우리의 가능성 같지 않아?"

　그러나 마스터는 뱃멀미를 하느라 정신이 없었다.

　"우욱, 어쩌다 내가 여기까지 끌려왔는지……."

직원은 수줍게 꾸벅 인사를 마치고는 서둘러 달려가 버렸다. 알파는 흐뭇하게 그의 뒷모습을 바라보았다. 그의 반짝이는 눈에서 자신이 느꼈던 벅찬 감동이 전달되었기 때문이다. 이 배에 탄 부하 직원 모두가 새로운 희망과 기대감으로 가슴이 부풀어 있었다.

얼마 전, 공장에서 있었던 일을 새삼스럽게 떠올렸다. 사업을 시작한 이래 늘 성장세에 있던 매출이 하루아침에 곤두박질쳤을 때였다. 재무담당자는 그 원인을 공급이 수요보다 많기 때문이라고 분석했다. 공급을 줄이는 방법도 있었지만 손해가 막심할 터였다. 이 위기를 극복하기 위한 회의가 매일같이 이어졌다.

　알파의 공장뿐이 아니었다. 자본주의 사회에서 많은 자본가들이 같은 문제를 겪고 있었다. 그들은 열심히 물건을 만들어서 팔았지만 어느 순간 한계에 다다르게 되었다. 그들이 처한 문제의 원인은 수요와 공급의 불균형이었다. 팔고자 하는 물건은 많은데 살 사람이 없었던 것이다.

　만약 공급을 줄이지 못하면 수요를 늘여서라도 해결해야 했다. 그렇다면 어떻게 수요를 늘일 것인가?

많은 이들은 방법을 외부에서 찾았다. 새로운 시장을 개척하는 것. 그것이 유일한 해결책이었다. 알파는 바로 투자자들을 모아 돈을 빌렸고, 커다란 배를 사서 선단을 꾸렸다. 그렇게 그는 새로운 시장을 향해 드넓은 바다로 뛰어든 것이다.

"잘 될 거야. 잘 되어야 해. 잘 되면 지금까지 경험해 보지 못한 엄청난 돈을 벌게 될 거야."

알파는 깊은 생각에 빠져 중얼거렸다. 그 탓에 그의 머리 위로 떨어지는 무거운 빗방울조차 느끼지 못했다.

시커먼 비구름과 함께 강한 돌풍이 불어닥쳤다. 예상하지 못했던 거대한 풍랑이었다. 배는 심하게 흔들렸고 선원들은 비명을 지르며 이리저리 미끄러졌다. 알파는 목이 터져라 부하 직원들의 이름을 불렀지만 빗소리와 파도소리에 묻힐 뿐이었다. 그의 머리 위로 빗물인지 바닷물인지 알 수 없는 물이 쉴 새 없이 쏟아졌다.

알파는 몸을 떨며 시커멓게 소용돌이치는 하늘을 노려보았다. 그도 한때는 비와 바람을 부릴 수 있었다. 대기의 움직임을 조종하고, 구름을 옮기는 것쯤은 쪼렙신인 그도 쓸 수 있는 능력이었으니까.

그러나 신의 능력을 박탈당한 지금, 아무리 집중을 해 보고 마음을 모아도 빗방울 하나 움직일 수 없었다.

"상위 신이시여……! 이대로 저를 버리시는 겁니까? 정말 제 모든 걸 없앨 작정이십니까!"

알파는 하늘을 보며 울부짖었다.

"제발 이 바람을 멈춰 주소서!"

알파는 간절히 기도했다. 멈춰만 주신다면 다시 신의 뜻에 맞게 살아 보겠다고 눈물로 호소도 해 보았다.

그러나 상위 신은 그의 기도를 들어줄 생각이 없었던 것일까. 대답 대신 집채만 한 파도가 다가와 배를 삼켜 버렸다.

알파는 그대로 정신을 잃고 쓰러졌다.

얼마나 긴 시간이 지났을까. 알파가 눈을 뜬 곳은 아메리카 대륙의 어느 밀림이었다. 죽어 가던 그를 보살펴 준 것은 이곳 원주민들이라는 것을 알 수 있었다. 선사 시대에 알파가 그랬던 것처럼 자연 속에서 원시적인 생활을 하는 이들이었다. 곧 몸집이 거대한 사내가 알파를 찾아왔다.

"알파, 저 사람이 족장인가 봐. 설마 우릴 해치진 않겠지?"

언제부터 깨어 있었는지, 마스터가 알파에게 속삭였다.

하지만 족장의 얼굴에는 경계심이라고는 찾아볼 수 없었다. 그는 오히려 알파를 강하게 끌어안으며 말했다.

소박한 장례를 마치자 원주민들이 다가왔다. 알파 일행을 잔치에 초대하기 위해서였다.

　그들이 안내한 길 끝에는 큰 마당이 있었고 모든 부족민들이 그곳에 모여 있었다. 그들은 불을 피우고 사냥한 고기를 뜯었으며 춤을 추면서 다시 살아난 이방인들을 축하해 주었다. 족장은 알파에게 '파도와 함께 찾아온 친구'라는 이름을 지어 주었다. 알파는 환히 웃으며 대답했다.

　"감사합니다. 이런 큰 환대에 어떻게 감히 보답할 수 있을까요. 저 나름대로 많이 생각해 보았는데요. 고민 끝에 좋은 거래를 제안하고자 합니다."

　총을 본 원주민들은 사색이 되었다. 물론 그들은 태어나서 처음 보는 이상한 물건이었다. 그러나 그 물건이 안전하지 않다는 것쯤은 본능적으로 감지할 수 있었다.

　"치, 친구여……, 왜 이러는가."

　족장은 조심스럽게 뒷걸음질쳤다. 알파는 대답 대신 슬라이더를 뒤로 제껴 총알을 장전했다. '철컥' 소리가 공허하게 울리자 주위는 찬물을 끼얹은 듯 조용해졌다.

　"족장님, 피하세요!"

　그때 한 청년이 끼어들어 창을 겨누었다. 돌로 만든 조악한 창날이 미세하게 떨리고 있었다. 알파와 청년은 침묵 속에 서로를 바라보았다.

　새로운 대륙에서의 거래는 그렇게 성사되었다. 겁에 질린 원주민들은 어울리지도 않는 구두를 신었고, 그들의 형제였던 소는 배에 실려 유럽으로 떠났다.

　남아메리카의 뜨거운 태양 아래 푸른 풀을 먹고 자란 건강한 소들의 튼튼한 가죽은 부드럽게 빛났다. 본국에 도착한 알파와 직원들은 소가죽을 벗겨서 신발을 만들었고, 그 신발은 다시 원주민들에게 되팔았다. 원재료의 공급지가 다시 소비 시장이 되는 효율적인 구조가 탄생한 것이다.

　덕분에 알파의 공장은 문을 닫지 않고, 예전처럼 가동할 수 있었다. 얼마 후, 원주민들은 옷은 입지 않았지만 구두는 한 사람당 세 켤레 정도는 갖게 되었다.

　알파는 오랜만에 깊은 편안함을 느꼈다.

알파는 탁월한 판단과 실천으로 직원들과 약속한 미래를 일궈 내었다. 알파와 함께한 이들은 모두 성공했고, 엄청난 부를 축적했다. 함께 동고동락하다 보니 직원들과 정도 쌓이고 신뢰관계도 깊어졌다. 이렇게 인간들 사이에서 시간을 보내는 삶도 괜찮을 것 같았다.

"인간으로서의 생활도 나쁘지 않네."

그러나 시간은 그를 가만두지 않았다. 함께 일했던 이들은 점점 자라서 나이를 먹고 노인이 되어 가는데 알파만 그대로였던 것이다.

어느 순간부터 알파는 자신의 모습을 기록하는 데 부담을 느끼게 되었다. 성공의 상징이었던 화려한 초상화 한 점 남기지 않은 것도 그 이유 때문이었다.

공급과잉을 해결하라

○ 두 가지 해결 방안

수요보다 공급이 많은 상태는 사업을 하는 사람에겐 큰 고민거리입니다. 이 문제를 해결할 수 있는 방안은 두 가지로 정리할 수 있지요. 하나는 공급을 줄이는 것이고, 다른 하나는 수요를 늘리는 것입니다.

공장을 멈춰도 임금, 공장유지비, 임대료 등은 계속 나가기 때문에 '공급 줄이기'는 좋은 방법은 아닌 것 같네요. 결국 해결 방안은 '수요 늘리기'밖에 없겠군요.

○ 수요를 늘리려면?

수요를 늘리는 방법 역시 두 가지로 나누어 생각할 수 있어요. 물건을 팔 수 있는 새로운 시장을 찾거나, 제품의 가격을 낮추는 것이지요.

공장의 탄생으로 공급과잉을 맞이한 인류는 이 두 가지 방안을 선택할 수밖에 없게 되었어요. 이 두 가지 방안은 현대의 모습을 변화시켰지요.

근대 자본주의를 맞이한 유럽 국가들은 첫 번째 방법인 '시장 개척'을 선택했어요. 발달된 항해술을 이용해 식민지를 찾아나섰지요. 이렇게 많은 나라들이 너도나도 식민지를 만들어 원료를 공급받고 그곳에다 가공품을 판매하기 시작합니다. 제국주의 시대가 시작된 거예요.

공급과잉 해결 → 수요 늘리기
→ 새로운 시장개척 → 식민지 개발

대항해 시대, 제국주의의 시작

1492년, 콜럼버스는 아메리카 대륙에 도착한다. 1498년엔 바스코 다 가마가 인도 항로를 개척하는 데 성공한다. 1522년 마젤란 선단은 최초로 세계 일주를 이뤄 낸다. 이전까지의 유럽 국가들은 가까운 나라끼리 서로 물건과 돈을 교류하는 형태로 해상 무역을 했지만, 포르투갈과 스페인이 원거리 무역에 성공하면서 지중해에서 대서양으로 무대가 넓어지게 된다. 범선과 항해술의 발달이 이와 같은 대항해를 가능하게 한 것이다.
포르투갈과 스페인은 산업혁명 이전에 이미 식민지를 확보하고 개척하기 시작했는데, 이것은 제국주의의 예고편이었다. 스페인과 포르투갈은 두 번의 조약을 통해 세계를 반씩 나눠서 개척할 권리를 가지기까지 했다.

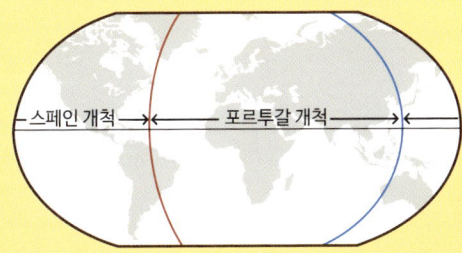

— 1494년 토르데시야스 조약
— 1592년 사라고사 조약

토르데시야스 조약과 사라고사 조약
브라질과 아프리카, 동남아시아는 포르투갈이, 나머지 신대륙과 필리핀은 스페인이 개척하도록 한 조약이다.

스페인과 포르투갈의 성공 사례를 본 서유럽 국가들은 대륙 개척에 나섰다. 이들은 아프리카에서 원주민을 강제로 노예선에 태워 와 남미로 끌고 갔다. 그리고 그곳에서 사탕수수, 커피, 담배 재배 및 광산에서 강제노역을 시켰다. 여기서 생산된 금과 은, 작물을 유럽으로 가져갔으며, 이는 산업혁명에 밑거름이 되었다.

 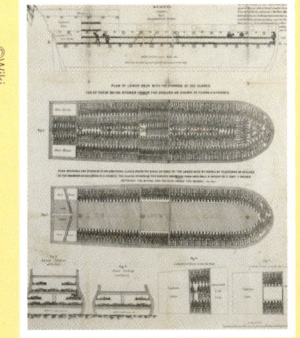

노예사냥(좌)과 노예선의 구조(우)
유럽인들은 아프리카 곳곳에서 원주민을 잡아서 물건처럼 노예로 사고팔았다. 노예들은 거대한 배에 태워 신대륙으로 옮겨졌는데, 좁은 공간에 많은 사람들을 싣기 위해 겹겹이 쌓고 사슬로 묶었다. 그림에서 까만 막대기로 보이는 부분이 모두 노예 한 명 한 명이다.

Break Time
신항로 개척!

콜럼버스와 바스코 다 가마, 마젤란까지! 새로운 식민지를 찾아 유럽의 탐험가들이 길을 떠나고 있어. 지도에 그려진 화살표를 잘 보고 어떤 탐험가가 개척한 항로인지 찾아서 선을 그어 봐.

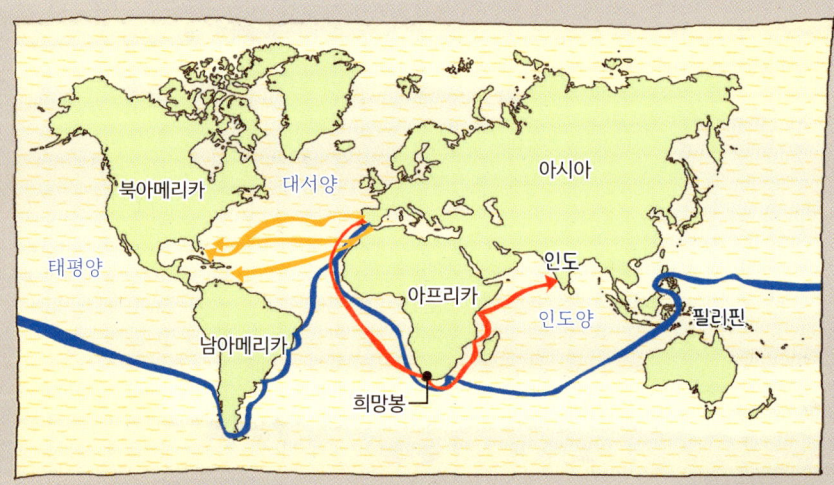

→ 포르투갈에서 아프리카 희망봉을 거쳐 인도에 도착했어요.

마젤란

→ 스페인에서 인도를 찾아 서쪽으로 항해하였으나 남아메리카에 도착했어요.

바스코 다 가마

→ 스페인에서 출발하여 최초로 대서양과 태평양을 횡단하고 필리핀에 도착했어요.

콜럼버스

3 제국주의 시대

강한 자가 지배한다

카메라 플래시가 연이어 터졌다. 다양한 종류의 사진기들이 개발되었고, 누구든 상대의 모습을 기록할 수 있는 시대였다.

사업을 빠르게 확장시키면서 알파가 놓친 것들이 있었다. 바로 가까운 곳에 있는 적이었다. 목숨을 건 다툼이 끊이지 않았던 것은 고대나 중세에서도 마찬가지였다. 그러나 과거에는 내 편과 상대의 편이 확실했고 갈등은 눈에 보이듯 뚜렷했다. 이제 인간의 삶이 복잡해지자 적들의 정체 또한 복잡해졌다.

갑작스럽게 언론을 끌어들인 이는 누구였을까. 해고당한 노동자일까, 경쟁 업체일까, 아님 저기서 웃고 있는 내 오랜 동료들 중 하나일까. 아니면 모두일까.

사실 누구라도 상관없었다. 이제 떠날 때가 되었으니까.

오래 몸담은 공장을 떠나는 데는 시간이 많이 필요하지 않았다. 자신을 증명해 주는 서류 몇 가지는 돈으로 쉽게 정리할 수 있었다. 여러 개의 위조 신분증도 충분히 챙겼다. 알파는 그날 밤 마스터와 함께 간단하게 짐을 싸고 대륙행 배에 올랐다. 그리고 다시 외톨이가 되었다. 공장에는 전문 경영인을 고용해 앉혔고, 본인이 결정해야 하는 일처리는 모두 전화나 전보로 해결했다. 직원들과 얼굴을 대면하지 않아도 회사는 운영할 수 있었다. 다시 편안한 외로움이 찾아왔다.

영국을 떠난 알파는 유럽 전역을 돌아다녔다. 몇 개월은 프랑스에 머물며 구두 공장을 추가로 세웠고, 몇 개월은 스페인에서 가죽 원단을 살펴보았다. 이제 막 산업화가 시작된 독일에서는 발달된 기계 산업에 투자했다.

1800년대, 유럽 대륙은 마치 끓어오르는 냄비 같았다. 겨우 뚜껑을 덮어 진정시켜 놓았지만 언제고 끓어 넘쳐 폭발할지 알 수 없었다. 일찌감치 아메리카 땅을 식민지화했던 스페인은 전성기를 지나 유럽 대륙의 패권을 영국을 비롯한 다른 강대국에게 넘겨주었다. 프랑스는 재빠르게 아프리카 대륙을 차지했고, 조금 늦게 산업화에 뛰어든 독일은 세력을 확장할 기회를 호시탐탐 엿보고 있었다.

약점이 보이는 순간 잡아먹히는 게임과 같은 상황. 유럽의 거대한 제국들은 보이지 않는 힘겨루기를 하며 아슬아슬하게 균형을 유지하고 있었다.

몇 년의 세월이 흘렀다. 이번엔 유럽을 떠나 인도로 향했다. 화려한 고대 문명과 오랜 신분제도의 굴레가 남아 있는 땅. 그곳에서 새로운 사업을 구상하고자 한 것이다. 인도인들이 눈치채지 못하는 사이 이미 영국의 식민지화는 시작되고 있었다.

　힌두교, 불교, 자이나교, 시크교, 이슬람교 그리고 이름을 알 수도, 기억할 수도 없는 수천수만의 신들. 인도인들은 부자나 가난한 자나 자연을 숭상했고, 배운 자나 못 배운 자나 바위와 강에 깃든 신성함을 믿었다. 남녀노소 할 것 없이 거리를 누비는 소를 보며 고개를 조아렸다. 알파는 인도인들의 투명한 눈을 볼 때마다 정신이 혼미해졌다. 그들의 깊고 맑은 눈은 여전히 죽음 이후의 세상을 기다리는 듯했다. 현세보다는 더 나은 다음 생을 기대했고, 간절하게 기도하면 어떤 미래에서는 이루어질 것을 확신하고 있었다.

　"근대화가 된 지가 언젠데, 아직도 신을 찾고 있어!"

　알파는 쯧, 하고 혀를 내찼다.

알파는 뭄바이에 있는 한 호텔에서 머무르며 현지 자료를 조사하고 새 사업을 구상했다. 유럽인들도 많이 머무르는 곳이었기에 알파는 최대한 눈에 띄지 않게 행동했다.

83

알파는 영국 정부를 압박해서 인도 곳곳에 철도를 놓았다. 필요한 금액도 적극 투자했다. 알파를 비롯한 다른 면직업자들의 후원이 이루어졌기에 가능한 일이었다. 인도 구석구석엔 그물망 같은 철로가 연결되었고, 엄청난 짐들이 실렸다.

이제 비가 와도 문제없었고 물건에 먼지가 묻을 걱정도 없었다. 게다가 철도는 무료와 다름없이 사용했다. 목화는 인도 땅에서 싼값에 들여왔으며, 공장 인부 역시 적은 임금의 인도인들을 마음껏 부렸다. 정말이지 완벽한 시장이었다.

한 나라를 지배하는 순간, 산업에 필요한 원료를 싼 가격에 공급받을 수 있고, 다 만들어진 생산품 또한 쉽게 팔 수 있었으니 강대국은 식민 지배를 마다할 리가 없었다. 세계 최고로 손꼽히던 인도의 면직물 산업은 값싼 영국산 면직물에 밀려 완전히 꺾였고, 덕분에 영국은 막대한 부를 축적할 수 있었다.

그 당시 유럽의 많은 나라들이 유행처럼 이 방식으로 힘을 키워 오고 있었다. 근대 유럽, 산업화된 국가들이 식민지를 두고 경쟁하던 시대. 사람들은 이 시대를 '제국주의 시대'라고 불렀다.

1914년의 식민 지배 지도

그날 밤 알파는 꿈을 꾸었다. 꿈속에서 그는 동유럽의 한 작은 나라에 있었다. 여름의 한낮. 거리에는 사람들이 모여 있었다. 다들 달갑지 않은 표정이었다.

"프란츠 페르디난트 대공 부부이십니다!"

멀리 자동차에서 화려한 옷을 차려 입은 남녀가 일어나 손을 흔들었다. 알파는 머리가 좀 지끈거려 자리를 피하려고 몸을 움직였다. 그때 한 사내가 알파를 거칠게 치고 앞으로 달려갔다. 그의 얼굴은 들뜬 열기로 익어 있었고, 눈은 무서울 정도로 빛나고 있었다.

"세르비아 독립 만세!"

사내의 가슴 속에서 무언가 나와 번쩍이던 순간,

그들에게는 식민지가 필요했다

○ 제국주의 시대

자본주의의 특성인 공급과잉 문제를 맞닥뜨린 유럽 국가들은 수요를 늘리기 위해 새로운 시장을 개척해야만 했어요. 그래서 그들은 식민지를 차지하기 위해 세계로 뻗어 나갔지요. 영국은 인도로 갔고, 프랑스는 아프리카로 갔으며, 스페인은 남미로 향했어요.

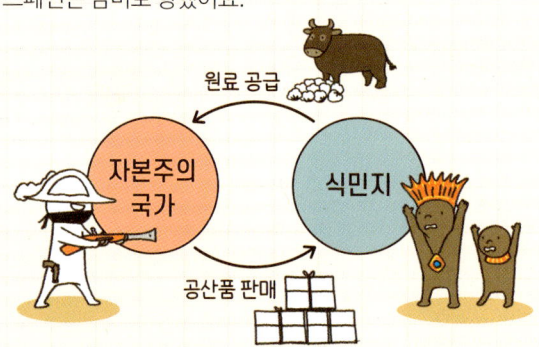

이렇게 강대국들은 자기 나라에서 만든 생산물을 공정하지 않은 방법으로 판매하고 큰 이익을 얻었답니다. 이처럼 산업화된 국가들이 식민지를 차지하기 위해 경쟁하던 시대를 '제국주의 시대'라고 합니다.

○ 독일의 산업화

독일은 다른 유럽 국가들에 비해 뒤늦게 산업화를 시작했어요. 결국 독일에도 자본주의가 정착했고 마찬가지로 공급과잉 문제를 맞이했지요. 독일 역시 새로운 시장 확보를 위해 식민지를 건설해야 했어요. 그런데 문제가 있었어요. 더 이상 차지할 식민지가 없다는 것이었죠.

산업화 지속 → 새로운 시장 필요 → 식민지 필요

이렇게 독일이 전전긍긍하고 있을 때 한 사건이 발생합니다. 독일의 동맹국인 오스트리아-헝가리 제국의 황태자가 보스니아의 사라예보에서 암살을 당해요. 독일은 이 사건을 기회로 여기고 제1차 세계대전을 일으킵니다.

영국의 제국주의와 저항 운동

스페인이 쇠퇴한 후 대서양의 패권을 쥐게 된 나라는 영국이었다. 영국은 산업혁명으로 과잉 생산된 생산물을 식민지로 팔아넘겨 이득을 취했다. 1921년 당시, 영국은 전 세계 육지 면적의 약 4분의 1에 해당하는 3,670만 제곱 킬로미터의 영토를 차지했다.

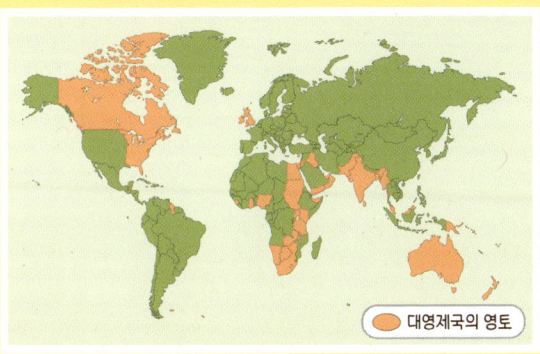

대영제국의 영토
인도, 캐나다, 아프리카의 일부, 이집트, 오세아니아 등 전성기의 대영제국은 세계 육지 면적의 4분의 1 이상을 지배하였다.

특히 영국은 인도를 식민지로 삼고 면직물 산업을 통제하면서 많은 자원과 부를 획득했다. 자국의 면직물을 인도에 판매하고 그 대가로 아편을 받았으며 아편을 다시 중국에 판매하고 그 대가로 홍차를 받으며 부를 축적한 것이다.

인도의 민족 해방을 이끌었던 간디는 국산품 쓰기 운동인 '스와데시' 운동을 펼쳤다. 영국에서 만든 옷을 수입하여 입지 말고 인도 땅에서 만든 국산품을 입어야 인도의 독립이 가능하다고 생각했기 때문이다. 실제로 이 운동은 전 국민적인 호응을 얻어 영국산 수입품의 판매량이 눈에 띄게 줄기도 했다.

영국의 제국주의를 풍자한 그림
거대한 괴물 문어가 된 영국인이 여러 나라 대륙을 거머쥐고 있다.

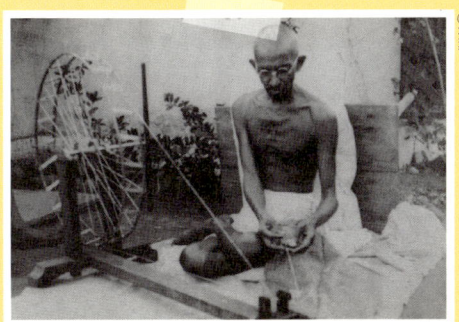

물레를 돌리는 간디
물레는 영국산 면직물뿐 아니라 제국주의에 대한 저항의 상징으로 남아 있다.

Break Time
식민지 미로 찾기

유럽 열강들이 제국주의를 확장하자 다른 대륙들의 슬픈 역사도 시작되었어. 꼬불꼬불 미로를 찾아 대표적인 침략 국가와 식민지배 국가(대륙)를 이어 보자.

전쟁은 왜 일어났을까?

"탕! 탕!"

1914년 6월 28일. 보스니아의 수도 사라예보에서 총성이 울려 퍼졌다. 육군대 연습을 참관한 오스트리아-헝가리 제국의 황태자 부부가 돌아가기 위해 화려한 승용차에 오르는 순간이었다. 별안간 굉음과 함께 총알이 날아와 그들의 가슴에 꽂혔고, 두 사람은 그 자리에서 쓰러져 숨을 거두었다.

암살자는 즉시 체포되었다. 그의 정체는 열아홉 살의 세르비아계 청년 가브릴로 프린시프. 폐결핵을 앓고 있던 허약한 젊은이처럼 보였으나 그의 마음엔 타오르는 분노로 가득했다.

　당시 세르비아는 독립을 쟁취했으나 보스니아 지역은 오스트리아-헝가리 제국에 합병을 당한 상황이었다. 세르비아의 민족주의자인 이 청년은 조국의 독립을 되찾기 위해 이 암살을 계획한 것이다. 그러나 그는 이 한 발의 총알 때문에 온 유럽이 피바다로 바뀌리라는 것을 감히 상상이나 했을까? 인류 역사엔 수많은 암살사건들이 있었지만, 사라예보의 총성으로 시작된 이 사건만큼 크고 끔찍한 결과를 가져온 암살은 없었다. 청년의 총알이 발사된 후, 유럽은 마른 들풀에 불이 번지듯 거센 전쟁의 소용돌이에 휘말리게 된다.

마른전투 이후 독일과 연합군은 서부전선에 참호를 설치했다. 중앙에 무인지대를 두고 양쪽에 수천 킬로미터 이상의 좁고 긴 참호를 판 상태로 대치하는 전투를 '참호전'이라고 부른다.

　밤에는 무차별 포격이, 아침엔 기관총을 온몸으로 맞으며 상대편 참호로 향하는 돌격이 이어졌다. 전력은 비슷했고, 양측의 방어 또한 체계적이었다. 전투는 언제나 격렬했지만 어마어마한 희생자만 배출했을 뿐 특별한 승리도 패배도 없었다.

　그렇게 의미 없고 지루한 살육전이 이어졌다. 아무런 소득 없이 보석과 같은 젊음이 소모품처럼 사용되었다.

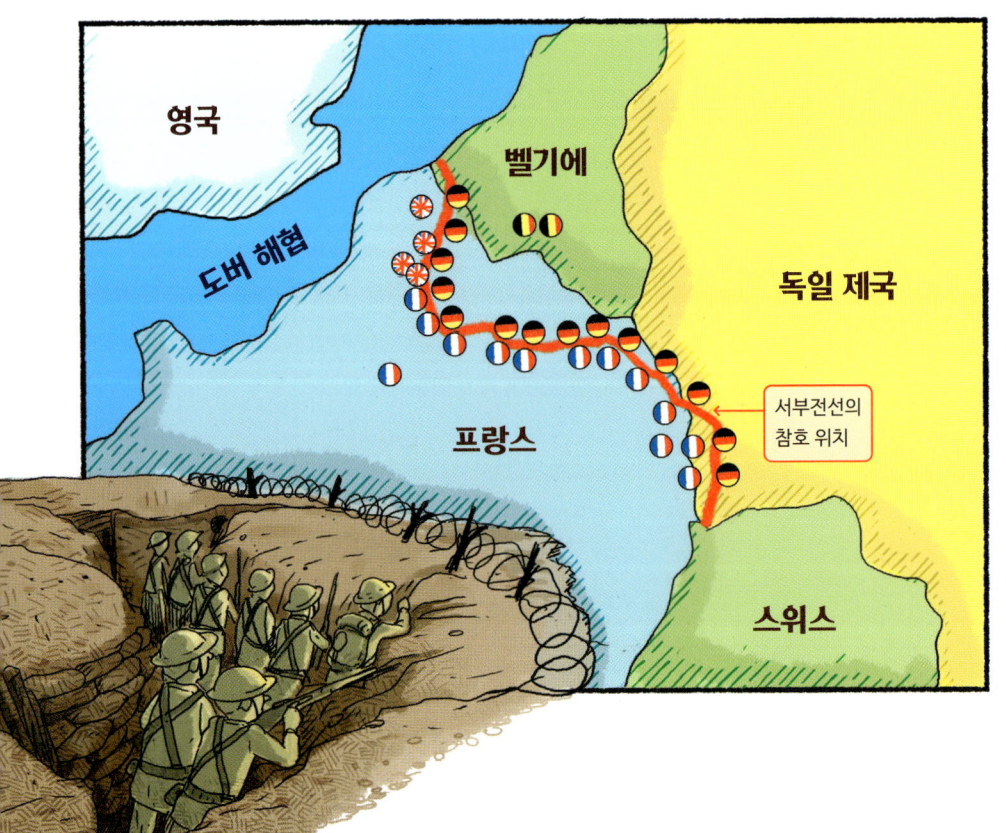

당시 유럽은 세계 최강의 과학기술을 뽐내고 있었다. 전쟁에서의 과학기술이란 다른 말로, 짧은 시간 안에 많은 사람들을 손쉽게 죽일 수 있는 무기를 뜻했다.

이 전쟁에서 처음 등장한 치명적인 신무기들은 어마어마한 규모의 사상자를 만들어 냈다.

하지만 평화는 그날 하루뿐. 상부에 알려진 순간 병사들은 군법에 의해 처벌을 받았고, 다시 서로를 향해 포탄을 쏘아 댔다.

전쟁이 길어지고 최악의 흉년이 겹치면서 상황은 더욱 나빠졌다. 전투는 갈수록 참혹해졌고 더 많은 이들이 죽었다. 배고픔에 지친 병사들은 돼지 사료로 끼니를 연명하기까지 했다.

알파는 여러 통로를 통해 전쟁의 소식을 듣고 있었다. 그 또한 인류의 역사와 함께하면서 수없이 많은 전쟁들을 지켜보았고 직접 참여하기도 했다. 그러나 이번 전쟁은 달랐다. 너무 맹목적이었으며, 너무 많은 사람들이 희생된 것이다.

 알파는 전화를 끊고는 잠시 그 자리에 서 있었다. 알 수 없는 좌절감이 밀려왔다. 전 세계가 전쟁에 휘말리던 시대, 그가 할 수 있는 일은 고작 군수용 물자를 생산하는 것뿐이었다.
 '이 전쟁이 계속된다면 죽어 가는 사람만큼 이득을 보는 사람도 생기겠구나. 바로 나 같은…….'

다음날 밤, 알파는 기차역을 찾았다. 전쟁터로 보낼 옷과 신발이 마지막 기차에 실리고 있었다. 인도 공장의 대표가 다가와 서류를 내밀었다. 알파는 수량을 확인하고 사인을 했다.

"확인 끝나셨으면 출발하겠습니다."

알파가 고개를 끄덕이자 열차는 빠른 속도로 기차역을 빠져나갔다. 승강장을 가득 채웠던 사람들과 짐들도 하나 둘씩 돌아갔다. 그러나 알파는 그 어느 곳도 가지 않았고 새벽이 올 때까지 그곳에 머물러 있었다. 어디로 가야 할지 막막했기 때문이었다.

'이렇게까지 해서 돈을 벌어도 되는 걸까?'

푸르른 새벽안개가 철로에 피어오를 때쯤 그의 품안에 조용히 있던 마스터가 입을 열었다.

저 멀리 승강장 한쪽에 어둑한 실루엣이 보였다. 알파는 눈썹을 찡그리며 그의 얼굴을 유심히 살폈다. 과연 독특한 신발을 신은 그때 그 사내였다. 그 또한 알파의 눈을 피하지 않는 것 같았다. 알파는 성큼성큼 그에게로 다가갔다. 꼭 확인하고 싶은 게 있었다.

눈앞의 남자는 기가 막히다는 듯 '푸흡'하고 소리 내어 웃더니 금세 예의를 갖추어 말했다.

"아, 미안합니다. 지구는 이 정도에서 멸망하지 않아요. 그러나 많은 사람들이 죽고 다치는 끔찍한 삶은 반복되겠죠? 당신도 사실 알고 있잖아요? 이 전쟁이 왜 일어났는지."

"전쟁이 일어난 이유? 글쎄? 사라예보 사건 때문 아닌가."

알파는 몇 년 전 꿈속에서 본 암살 장면을 떠올렸다. 하지만 남자는 고개를 저었다.

"그 사건이 아니더라도 이 전쟁은 반드시 일어났을 겁니다. 그게 자본주의의 숙명이죠."

알파는 말문이 막혔다. 너무나도 맞는 말이었기 때문이다. 사업가인 그에게 전쟁보다 더 두려운 것은 창고의 재고였다.

쌓여 가는 재고를 처리할 수만 있다면 다른 대륙, 아니 다른 행성이라도 찾아가고 싶은 게 그의 진짜 마음 아니었던가. 하지만 이제 더 이상 갈 곳도 없었다. 새로운 식민지가 필요했지만 지구상에 남은 곳이 없던 터였다.

그때 때마침 전쟁이 시작된 것이다. 전쟁은 막대한 수요를 창출했고, 덕분에 알파는 이번에도 망하지 않고 더 큰 이익을 낼 수 있었다.

"결국 그쪽도 전쟁 덕을 제대로 본 것 아닌가요?"

알파는 선뜻 대답하지 못했다. 마침 경보음이 울리더니 열차가 승강장 안으로 들어오고 있었다. 남자는 기차에 오르며 인사를 건넸다.

"제 기차가 왔네요. 다음에 또 뵙죠."

공급과잉이 전쟁을 일으켰다

○ 제1차 세계대전의 원인

제1차 세계대전은 1914년부터 1918년까지 약 4년 동안 일어난 전쟁이에요. 원인은 오스트리아-헝가리 제국의 황태자 암살 사건으로 알려져 있어요. 그런데 그 암살 사건이 없었다면 세계대전이 발발하지 않았을까요? 그렇다고 해도 전쟁은 막을 수 없었을 거예요. 전쟁의 근본적인 원인은 바로 공급과잉 문제였으니까요.

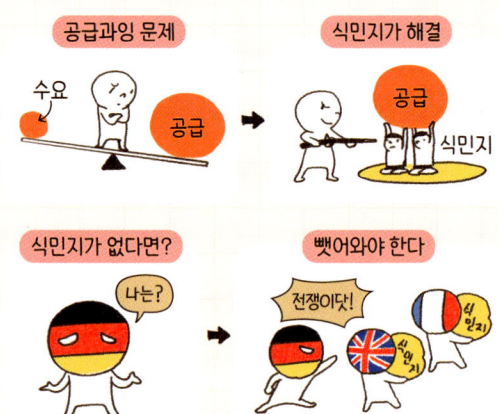

○ 국가 간의 갈등

그렇게 전쟁은 시작되었습니다. 독일과 오스트리아-헝가리 제국, 그리고 이탈리아가 3국 동맹을 형성했고, 영국과 프랑스와 러시아가 3국 협상을 결성하여 대립했지요.

치열한 전투 끝에 전쟁은 독일과 오스트리아의 패배로 막을 내렸어요. 이후 독일의 경제는 회복할 수 없을 정도로 침체하고 말았으나 세계 경제는 빠르게 안정되고 성장해 갔답니다. 전쟁은 많은 사람들에게 고통을 준 반면 일부 부르주아나 국가들에겐 막대한 부를 창출해 주었지요.

제1차 세계대전

1914년 7월 28일에 시작된 전쟁은 1918년 독일의 항복으로 끝나기까지 약 4년간 지속되었다. 이 전쟁은 20세기 과학 기술의 시험장이라고도 불린다. 기관총, 탱크, 생화학 무기와 같은 새로운 과학 기술을 기반으로 한 신무기들이 개발되어 짧은 시간에 많은 병사들을 대량학살하였기 때문이다.

▲ 사라예보를 방문한 페르디난트 공작 부부

▲ 서부전선에 설치된 참호의 모습

▲ 제1차 세계대전에 처음 등장한 탱크

▲ 전쟁 후 치러진 베르사유 회담

▲ 제1차 세계대전에 사용된 영국의 전투기

▲ 미국의 모병 포스터

Break Time
숨은 그림 찾기

알파가 인도의 호텔에서 향긋한 차를 마시고 있어. 그러나 평화롭기만 한 지금 이 시간에도 전쟁터에서는 많은 청년들이 희생되고 있겠지? 그림 속에 숨어 있는 제1차 세계대전 속 무기들을 찾아봐.

전쟁 무기들: 기관총, 전투기, 전차, 잠수함, 방독면

5 세계 경제대공황

지구 멸망의 위기

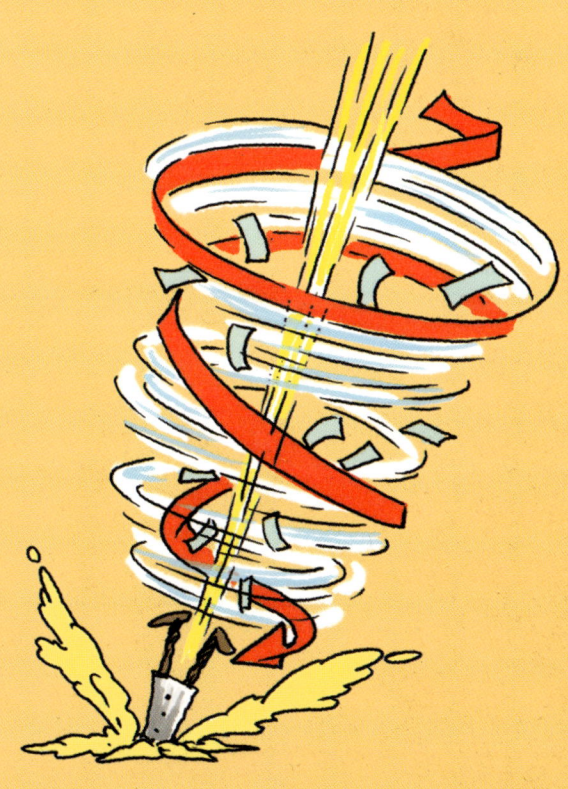

　채의 말이 맞았다. 이 전쟁을 통해 최고의 이익을 얻은 이들이 있었다. 미국도 마찬가지였다. 다른 유럽 국가들은 전쟁 때문에 국토가 황폐해졌고 경제적 손실도 입었지만 미국은 달랐다. 전쟁에 필요한 물자와 식량을 공급해 경제가 활성화되었으며, 전후 보상금까지 받아 세계 최강대국으로 우뚝 선 것이다. 1920년대 미국의 황금시대, 알파는 기회를 놓치지 않고 꿈의 땅으로 향했고 새 사업을 시작했다. 결과는 놀라웠다.

알파는 단순히 구두와 옷만 만든 게 아니었다. 매 시즌마다 대규모 패션쇼를 열었고, 신상품을 발표할 때마다 정치 경제계의 유명인사들을 초대했으며, 언론을 움직여 세상에 알렸다. 그렇게 소개된 옷과 신발은 모두 비싼 값에 팔려 나갔다.

어느 날이었다. 알파의 자동차가 아름다운 뉴욕 거리를 달리고 있었다. 할부 제도가 막 생겨나던 시기였기에 사람들은 현금이 없어도 고가의 사치품을 쉽게 살 수 있었다. 덕분에 거리에는 자기 월급의 서너 배가 넘는 호화로운 옷을 입은 남녀들이 즐비했다.

그때 고물 자전거 한 대가 삐그덕거리며 알파의 차 앞을 지나갔다. 자전거를 탄 사내는 평범한 차림새였지만 화려한 사람들 사이에 있으니 오히려 더 튀는 느낌이었다. 알파는 눈살을 찌푸렸다.

"쯧쯧, 언제 적 양복을 입고 다니는 거야?"

낡은 자전거를 찾아 뉴욕 시내를 샅샅이 뒤졌지만 채를 찾을 수는 없었다. 결국 알파는 녹초가 되어 회사로 돌아갔다. 뉴욕 중심가에 위치해 연일 최고의 이익을 내는 회사였다. 알파는 자리에 앉아서 보고서를 넘겨보았다. 채를 찾지 못한 실망감이 한 순간에 날아가 버렸다.

"이번에도 확실히 투자에 성공한 것 같군. 거의 세 배가 넘는 이윤을 낸 모양이야. 연일 호황이니 뭐, 이럴 땐 가만히 있는 사람이 멍청이라니까."

더 많이 생산할수록 더 큰 부자가 될 수 있다고 모두가 믿었다. 끊임없이 물건을 찍어 내고, 빚을 끌어와 새로운 설비에 투자를 하고, 주식을 사 놓는 것이 기업이 할 수 있는 최고의 일이었다. 알파는 콧노래를 흥얼거리며 장부를 뒤적거렸다. 그런데 뭔가 이상했다.

　숫자를 꼼꼼히 살펴보던 알파는 수상한 낌새를 느꼈다. 슬슬 매출이 줄어들고 반품이 늘어나고 있었으며 다시 공장 창고에 제품이 쌓이고 있었던 것이다. 오래전 경험해 본 적 있는 상황이었다. 알파는 또 다시 머리가 지끈거렸다.

　그는 짜증 섞인 목소리로 재무담당자를 불렀다.

"에잇! 됐으니까 그만 나가 봐!"

알파는 신경질스럽게 장부를 책상 위로 던졌다. 백 년 전쯤이었나, 이 지구에 자본주의가 처음 자리 잡힐 무렵에 이미 겪었던 일 아닌가. 이 문제를 해결하기 위해 그토록 애를 썼건만 다시 처음의 문제로 돌아오다니. 알파는 알고 있었다. 이 문제는 수요와 공급의 불균형 때문이다.

주머니 속에 있던 마스터가 쪼로로 책상 위로 올라와 말했다.

알파는 고개를 저었다. 시장을 새롭게 개척하는 것은 불가능했다. 지구상에 새로운 식민지는 찾을 수 없었으니까. 그렇다면 남은 방법은 한 가지뿐이다. 가격을 낮추는 것. 알파는 결심한 듯 중얼거렸다.

"남은 방법은 하나뿐이야. 경쟁 업체보다 무조건 싸고 질 좋은 제품을 만들어야 해."

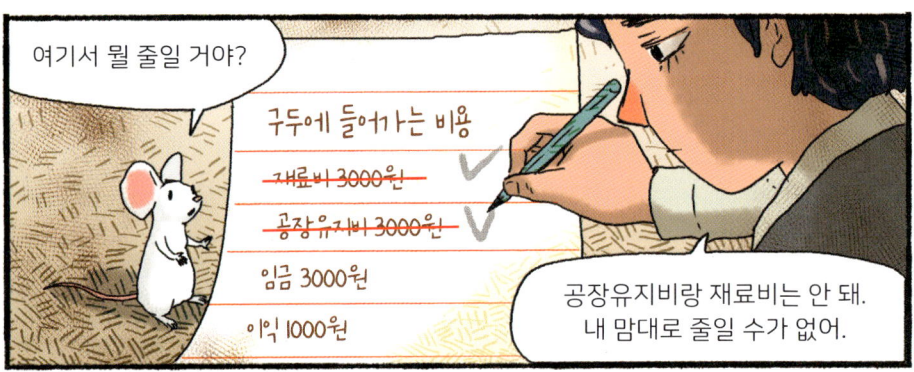

회사를 위해 몸 바쳐 일한 직원들을 자르는 것은 쉽지 않은 일이었다. 그러나 눈물을 머금고 결단을 내린 덕분에 경쟁사에 비해 훨씬 싼 제품을 내놓을 수 있었다.

'이제 됐어. 다시 좋아질 일만 남았어.'

그러나 알파가 간과한 것이 있었다. 이러한 대량 해고 사태는 알파가 속한 패션 산업만의 문제가 아니었다.

하지만 알파를 비롯한 많은 사업가들은 성공에 취해 이 상황을 파악하지 못했다. 생산을 지속하면 언젠가 다시 상황이 좋아질 거라고 믿었던 것이다.

그렇게 경제는 한순간에 무너져 내렸다. 미친 듯한 에너지로 넘쳐나던 미국의 황금시대도 막을 내린 것이다. 미국이 무너지자 세계 경제 또한 도미노처럼 무너졌다. 알파가 모든 것들을 바쳐 일으켜 세운 자랑스러운 회사도 연기처럼 사라졌다. 알파는 더 이상 최고의 사업가가 아니었다. 그저 거리를 떠도는 실업자 중 하나일 뿐이었다.

알파는 거리에 누워 하늘을 바라보았다. 무엇이 꿈이고 무엇이 현실인지 어지러웠다. 그는 인간의 머리 위에 올라서고 싶었고 가장 강한 모습으로 세상을 다스리고 싶었다. 그 꿈을 위해 자본주의라는 새로운 신을 섬겼고, 결과는 달콤했다. 슬픔도, 고통도, 외로움도 없는 세상을 지배할 수 있다고 생각했다. 하지만 모든 것들이 물거품처럼 사라져 버렸다.

"마스터, 지구의 멸망이 어떤 모습일 거라고 생각해? 소행성 충돌? 대지진? 난 끔찍한 재난만이 이 행성을 없앨 수 있을 거라고 생각했어. 이런 식으로 자본의 몰락이 인류를 사라지게 할 거라고는 상상도 못했지 뭐야."

알파는 헛웃음을 지으며 눈을 감았다. 이제 드디어 상위 신을 만날 순간이 다가온 것일까. 이제 그와 이 행성의 길고 지루한 인연을 마감하고 편히 쉴 수 있는 것일까. 비참하게 버려진 쪼렙신의 얼굴에 눈물이 흘러내렸다.

가격 경쟁은 대공황으로 이어졌다

전쟁 후 세계는 경제 호황을 맞이했습니다. 그런데 다시 예전에 경험했던 문제가 발생하기 시작했어요. 공급과잉은 자본주의의 특성이기 때문에 이에 따른 문제점은 필연적으로 되풀이될 수밖에 없었거든요. 다시 인류는 수요를 늘리기 위한 고민을 시작했습니다.

○ 수요를 늘리기 위한 방안

첫 번째 방법처럼 시장을 개척하는 게 가장 좋겠지만 이미 지구상엔 새로운 식민지가 없었어요. 이제 두 번째 방법, '가격 인하'를 해야만 했습니다.

○ 가격을 낮추려면?

가격을 낮추려면 비용을 줄여야 합니다. 그러나 줄일 수 있는 비용과 줄일 수 없는 비용이 있지요. 줄일 수 있는 유일한 비용은 '노동자의 임금'이었습니다. 많은 자본가들은 임금을 줄이기 위해 구조조정을 했어요. 일의 능률이 낮은 직원들을 해고하며 제품 가격을 낮추는 데 성공했지요.

○ 경기 침체의 소용돌이

그러나 사회 전체적으로 실업자가 늘어나면 소비가 줄어들 수밖에 없게 됩니다. 결국 공급이 수요보다 늘어나게 되고, 그 문제를 해결하기 위해 가격 인하 경쟁이 일어나며, 노동자를 해고하는 일이 반복됐어요. 그러던 중 1929년, 뉴욕 증시가 대폭락하면서 세계 경제 전체가 무너지는 사건이 발생합니다. 바로 세계 경제대공황이지요.

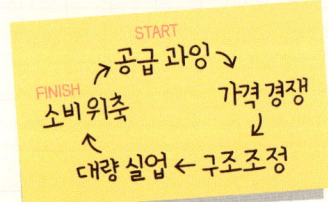

미국 경제의 몰락

1929년 10월 24일 미국 뉴욕. 시카고의 증권거래소는 주식을 팔려는 사람으로 아우성쳤다. 빚더미에 밀려 스스로 목숨을 끊는 사람들도 즐비했다. 세계 경제대공황의 시작을 알린 '검은 목요일'이었다.

1929년 10월 24일 신문 기사

은행에 예금을 찾기 위해 모여든 시민들의 모습

검은 목요일 이후 미국의 주가는 더 떨어졌고 국민 네 명 중 한 명은 실직자가 되었다. 이후로도 실업률이 더욱 높아지고 소비가 더욱 줄어드는 악순환이 계속되었으며 경제는 점점 더 침체되었다. 공황은 미국에서 그치지 않고 독일, 영국, 프랑스 등 유럽 대륙의 경제대공황으로 이어졌다. 이후 세계 각국의 정부는 경제를 시장의 원리에만 맡기지 않고 적극적으로 개입하기 시작한다.

무료 급식소에서 배급을 기다리는 미국 시민들의 모습

Break Time
가로세로 낱말풀이

역사 여행을 마친 친구들, 모두 수고 많았어. 낱말풀이를 통해 근대 자본주의 시대의 시작과 경제대공황까지 핵심 어휘들을 확인해 보자.

가로

① 탄알이 한꺼번에 연속으로 나오는 총. 제1차 세계대전 때 발명되어 대량학살 도구로 쓰였다.
② 노동력을 제공하고 받은 임금으로 생활을 유지하는 사람. 자본주의와 함께 생겨난 계급이다.
③ 전쟁에 참가한 국가.
④ 사라예보 사건을 계기로 1914년부터 4년 동안 일어났던 제국주의 전쟁.
⑤ 같은 목적에 대해 이기려고 겨루는 것. 가격 ○○.
⑥ 판매를 위해 시장에 물건이나 서비스를 제공하는 일. 수요와 ○○.
⑦ 1929년 10월 24일 주가 폭락으로 경제대공황의 시작을 알린 목요일을 일컫는 말.

세로

㉠ 바퀴를 굴려서 땅 위를 움직이게 만든 차. 미국의 포드사에서 이것의 자동 생산 라인을 완성하여 대량생산에 성공하였다.
㉡ 적군의 포탄을 막기 위해 땅을 파서 전투를 치르는 형태. 제1차 세계대전에 도입되었다.
㉢ 강대국이 약소국을 침략해 식민지로 지배하는 사상과 경향.
㉣ 발칸반도에 위치한 국가. 보스니아와 이곳의 통합을 원하는 한 청년에 의해 사라예보 사건이 발생했다.
㉤ 15세기~16세기까지, 유럽인들의 신항로 개척과 신대륙 발견이 활발하던 시대.
㉥ 1929년에 시작된 사상 최대의 공황. 뉴욕 주가 폭락에서 시작해 전 세계로 이어졌다.
㉦ 솜을 만들어 내는 식물로 면직물의 원료. 인도에서 많이 생산되었으나 영국에 의해 수탈당하였다.

다시 만난 미래

그해 가을, 맨하탄의 거리는 쓸쓸하고 차가웠지. 수많은 사람들이 돌아다녔지만 모두가 혼자였어. 바닥에 나뒹구는 낙엽처럼 철저히 고독한 사람들. 아무도 바닥에 내팽개쳐진 쪼렙신 따위에겐 눈길조차 주지 않았어.

알파는 뭐가 그렇게 서러웠던 걸까. 차디찬 바닥에서 한참을 마음 놓고 울었어.

자본이라는 신에게 배신당한 분노였을까? 돌이킬 수 없는 과거에 대한 그리움이었을까? 고통밖에 남지 않은 앞으로의 날들에 대한 두려움이었을까?

목 놓아 우는 친구 곁에서 나 또한 아무것도 해 줄 수 없었어.

가엾은 알파……. 그는 너무 좌절한 나머지 그의 옆을 비틀비틀 지나가는 낡은 자전거도 못 볼 뻔했지 뭐야. 그러나 결국 어떤 익숙한 향기 때문에 울음을 멈추었지. 굉장히 낯익은 기운이 느껴졌거든.

"채?"

몸을 일으켜 세우니 가장 먼저 익숙한 운동화가 눈에 들어왔지. 알파는 자기도 모르게 큰 소리로 자전거를 탄 남자를 불러 세웠어.

"잠깐 거기 서!!"

울퉁불퉁한 돌바닥을 지나느라 못 들었던 것일까? 자전거는 무심하게 그의 앞을 지나쳐 버렸지. 이번이 마지막 기회일지도 모른다는 생각에 알파는 온 힘을 다해 채를 불렀어.

다행히 자전거는 속도를 줄였고, 채는 천천히 고개를 돌렸어. 역시 그가 맞았어. 어떻게 인사를 해야 할까. 알파는 첫마디를 떼지 못해 머뭇거렸고, 둘은 언젠가 기차역에서 마주쳤을 때처럼 한참을 눈을 마주치고 있었지.

어린이 여러분, 재미있게 보셨어요? 채사장입니다. 우리는 지금까지 알파의 이야기를 통해 근대 이후부터 경제대공황까지의 역사를 빠르게 훑어보았어요. 이야기를 읽는 동안 여러분의 머릿속에 중요한 키워드가 남았을 것 같아요. 저와 함께 마지막으로 정리해 볼까요?

앞서 1권을 읽은 친구들은 생산수단이라는 개념을 기억할 거예요. 원시 시대에서 근대까지의 역사를 생산수단을 중심으로 알아보았다면, 근대와 현대의 역사는 자본주의의 특성을 중심으로 설명했어요.

자본주의의 특성을 한 마디로 요약하면 공급과잉이에요.

> 자본주의 특성 : 공급 > 수요
> 해결 방안 1) 시장을 개척한다.
> 2) 상품의 가격을 내린다.

많은 유럽 국가들이 시장을 개척하기 위해 식민지 경쟁에 뛰어들었는데 이 시기를 제국주의 시대라고 해요. 독일이 뒤늦게 식민지 경쟁에 뛰어들면서 제1차 세계대전이 일어나지요.

> ☑ 방법① 시장을 개척하려면?
> 식민지 경쟁 : 제국주의 시대 (19c 말~20c 초) → 제1차 세계대전 (1914~1918)

제1차 세계대전 이후 세계 시장은 안정화되는 것처럼 보였지만 곧 공급과잉 문제가 다시 발생했고, 이에 따라 경제대공황이 일어났어요.

> ☑ 방법② 상품의 가격을 내리려면?
> 생산량 증가, 임금 축소 : 경제대공황 (1929~) → ???

대공황을 해결하기 위해 세계는 어떤 방법을 사용할까요?

> 생각하고 토론하기

알파는 자본을 새로운 신으로 받아들이고 인간들과 같은 길을 걸어요. 식민지를 만들기도 하고 전쟁에 침묵하기도 하지요. 알파를 비롯한 인류의 행동은 어떤 맥락에서 나온 걸까요? 또 어떻게 평가할 수 있을까요? 살펴보고 토론해 봅시다.

① 알파는 남는 신발을 팔기 위해 새로운 대륙으로 향했어요. 근대화를 이룬 유럽의 많은 국가들이 다른 나라를 침략하고 식민지를 만들었어요. 제국주의는 왜 발생하게 되었을까요? 이를 정당하다고 말할 수 있을까요?

② 제1차 세계대전은 근대화가 이루어진 후 최초로 벌어진 범세계적인 전쟁이었고 이전의 전쟁과 모습도 달랐어요. 많은 사람들은 사라예보 사건으로 인해 제1차 세계대전이 일어났다고 알고 있어요. 여러분은 제1차 세계대전이 발생한 진짜 원인이 무엇이라고 생각하나요?

③ 황금시대를 뽐내던 1920년대 미국은 갑작스럽게 검은 목요일을 맞이하며 경제대공황의 직격탄을 맞았어요. 경제대공황은 왜 이렇게 갑자기 일어난 걸까요? 막을 수 있는 방법은 없었을까요?

3권에서는 경제대공황을 해결하기 위해 세계가 어떤 일들을 했는지 알아볼 거예요. 과연 알파와 인류는 자본주의의 문제점을 해결하고 행복하게 살아갈 방법을 찾을 수 있을까요?

정답

42p
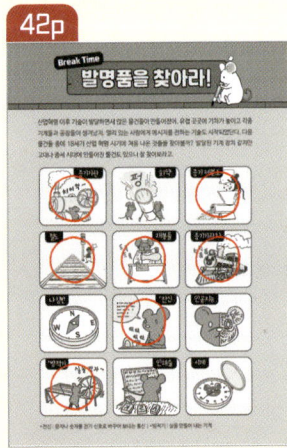
발명품을 찾아라!

68p
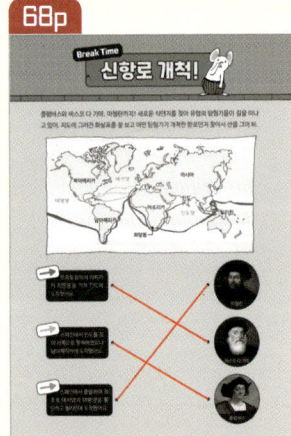
신항로 개척!

96p
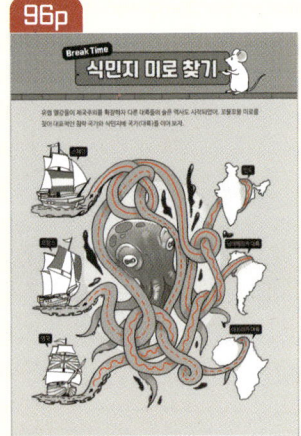
식민지 미로 찾기

124p

숨은 그림 찾기

152p
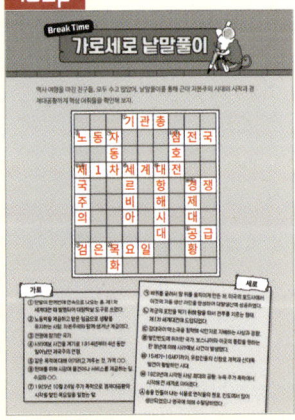
가로세로 낱말풀이

수수께끼 같은 책의 정체와 인류의 미래는 3권에서 펼쳐집니다. 기대해 주세요!